SERENDIPIA

Laura Xihuitl

SERENDIPIA

Editado por: Corporación Ígneo, S.A.C.
para su sello editorial Ediquid
José Olaya 169, Ofic. 504, Miraflores. Lima, Perú
Primera edición, mayo, 2024

ISBN: 978-612-5142-64-1
Impresión bajo demanda

Hecho el Depósito Legal en la Biblioteca Nacional del Perú N° 2024-03690
Se terminó de imprimir en mayo de 2024 en:
ALEPH IMPRESIONES SRL
Jr. Risso Nro. 580 Lince, Lima

www.grupoigneo.com
Correo electrónico: contacto@grupoigneo.com | Teléfono: +51 955 071 270
Facebook: Grupo Ígneo | X: @editorialigneo | Instagram: @grupoigneo

Colección: Nuevas Voces

PRIMERA PARTE:
chile y rosas

Soledad

Acostada en el sillón,
escondida en el armario,
tirada en suelo frío,
me mantengo en silencio
mientras la guerra comienza.
No importa la razón,
importa la situación,
solo somos tú y yo,
sintiéndonos solos otra vez.
Ellos gritan,
ellas ríen,
nosotros lloramos.
No te sientas raro,
todos lloramos.
Nadie quiere verte
ni hablarte.
Estás en guerra,
¡admítelo!
Solo tú y yo,
¿estás listo para ganar la guerra?
Das un paso atrás, así que yo también.
Piensa en por qué estás solo,
cierra los ojos. Vamos ¡hazlo!
Ahora respira.
¿Ya estás listo?...
Sabes, no soy la clase de chica
que está rodeada de amigos,
pero déjame contarte un secreto,
invierto mi tiempo peleando batallas,

y recientemente he comenzado a ganar.
Constante tengo que examinarme a mí misma.
He perdido muchas de ellas,
pero no me arrepiento de ninguna.
Así que dime,
¿ya estás listo?
Abre tus ojos,
camina con actitud,
porque cuando eres auténtico,
eres increíblemente deslumbrante.

13 años

Ma

Si tan solo supieras
cuánto te quiero,
cuánto te amo,
cuánto te aprecio,
quizá más de lo que a veces demuestro.
Si tan solo supieras
que eres el mejor regalo que alguien jamás me había dado;
te he causado miseria, angustia y dolor,
pero también desperté tu compasión,
tu compañía y tu protección,
así espero que eso sea lo único que guardes,
de lo mucho por lo que hemos pasado.

13 años

Soy de...

Soy de las tierras extrañas,
aquellas con frutos tropicales,
aguas cálidas y clima abrasador,
donde las personas son alegres
y la marimba se puede escuchar.

Soy de razas distintas,
algunas cruzan el Atlántico,
otras no tengo ni idea.

Soy de los brazos de mi madre,
de las risas de mi hermano
y de los esfuerzos de mi padre.

Soy de la vida y de la muerte,
soy de las cenizas
y de las estrellas.

Soy de amores profundos,
de besos robados
y de corazones rotos.

Soy de las nubes de terciopelo,
de vestidos de seda
y de un par de azucenas.

14 años

No me quiero enamorar

Hubo una vez una niña,
de corazón esperanzado,
que un día gritó al mundo:
«¡Quiero vivir! ¡Me quiero enamorar!».
El tiempo pasó y esa niña creció,
su tiempo llegó… se enamoró.
Sintió que voló, que flotó,
y finalmente cayó.

Algunos dijeron acerca de aquel:
«¡Qué poco valor tiene el hombre
que a dejarla se dignó,
sabiendo de primera,
que su corazón rompió!».

Ella muy firme en claro dejó:
«Con él yo quise estar,
pues ni con una pistola me iba a alejar».

Atónitos a todos dejó,
pues vieron que de muerte
este la hirió.

El tiempo pasó.

Esa niña gritó:
«¡Ya no quiero vivir,
no me quiero enamorar!».
Y con el corazón roto partió.

A un lado el amor de pareja dejó
y con una armadura cubrió lo poco que quedó.
Noches tristes y días iguales,
parecía no haber más que eso.

Un día se dio cuenta de
que sí hay mucho más...

De orgullo su cuerpo cubrió
y de esperanza su mente llenó,
fue entonces cuando gritó:
«¡No me quiero enamorar,
quiero vivir, no me quiero enamorar!».

Fue entonces cuando una vida planeó,
atrás el amor de pareja dejó,
pero no sabía que meses después,
alguien de pronto llegó.

15 años

Poema de medianoche

La noche es fría, igual que yo.
En las manecillas del reloj
las doce van a dar.
No hay otro sonido audible,
más que el de mi respiración.
Mil y un recuerdos
corren por mi ser,
ninguno parece importarme
más que el de tu voz.

Más allá de esto
trato de alejarte,
diciéndome a mí misma que
ya fue suficiente.

Vuelvo a tener silencio,
respiro hondo.
Cuando una lágrima resbala en mi mejilla.

No se confundan,
este no es un poema sobre la depresión,
es más bien un poema acerca de esas noches
cuando tu vida se desmorona abruptamente,
y a la mañana siguiente tienes todo bajo control.

Ahora ya es medianoche,
y quiero creer que las estrellas me hacen compañía,
quiero creer que todo, absolutamente todo, va a mejorar.

Esperen, ¿acaso este no es un poema?
Bien, me esforzaré.

Mi voz se corta tan solo con recordarlo.
Todo es muy confuso,
quiero volar…
pero sin aterrizar.

Creo que es curioso el que
un día de tantos
eres realmente feliz,
y a la mañana siguiente notas como tu vida se va por la borda.

Blanco y negro,
así veo todo.
Pequeño y abstracto,
así siento todo.

Me siento sola,
cierro mis ojos,
justo ahora estoy corriendo,
no sé a dónde,
solo corro.
Es de noche y el clima está fresco.
No sé qué pasa, no estoy mirando atrás,
solo huyo; y no sé por qué.

El sonido de las manecillas del reloj
comienza a aterrarme una vez que le he prestado atención.
Respiro hondo hasta llenar mis pulmones,
pero el aire que tomo no parece ser suficiente.

15 años

Me niego a admitir que me gustas

Me niego a admitir que me gustas,
que me encantas,
que me consumes.

Me niego a todo eso,
me niego a hablarte,
me niego a intentar quererte.

Me niego a ti,
me niego a conocerte más,
me niego a desear tu cuerpo.

Me niego a tu sonrisa,
me niego a tu hombría,
me niego a tu persona.

Me niego a tu prudencia,
me niego a tus sueños,
me niego a tus deseos.

Me niego a hablar de ti,
me niego a que sepas todo,
me niego a entregarte esta loca pasión.

15 años

Aquí vienen

Aquí vienen
buscando sol
y encontrando luna.

Aquí vienen
buscando amor
y sembrando odio.
Aquí vienen
buscando azúcar
cuando dan vinagre.

Aquí vienen
buscando pan
cuando ni agua beben.

Aquí vienen
exigiendo muerte
y encontrando vida.

Aquí vienen,
echando sal
y buscando miel.

Aquí vienen
robando el alma
y buscando venganza.

Porque aquí vienen,
aquí han venido
y seguirán viniendo.

15 años

Un poema a mi persona

Señoras y señores,
Esta noche me preparo yo,
pues el motivo, el de mi vida, me hace festejar.

¡Qué más quisiera yo!,
¡Qué más daría yo!,
pues sé que desde antes nadie me esperó.

Mis dientes rechinan,
mis piernas tiemblan,
mi corazón late deprisa
y mi tiempo pasa.

Sé muy bien
que es un milagro el estar aquí hoy,
así como lo es la misma imaginación.

Podré celebrar mientras tanto,
podré sentirme contenta,
pues quién diría que a mis años
en el pasado se sobrevivía.

Parece todo tan inocente y genuino,
parece todo cobrar vida,
cobrar sentido, cobrar magia.
Parece la vida acariciarme.

Ahora díganme,
¿quién diría

que en este mundo acelerado
un remanso de paz encontraremos?

Parece que ahora
la vida me toma entre sus brazos,
me abraza fuerte
y me susurra que no me pertenece.

Hoy quiero saltar charcos,
quiero brincar olas,
quiero recorrer mares,
quiero nadar los océanos.

Hoy aplaudamos y brindemos,
mandemos saludos calurosos:
solos no estamos,
sobrevivientes no seremos.

15 años

SEGUNDA PARTE:
amores y percances

Ojitos

Ojitos de mil colores,
ojitos de mi corazón,
díganme por qué se inundaron
y no precisamente de amor.

Anoche pude notarles un brillo,
un destello radiante,
creo que era un tono alegría,
justo debajo de la pupila.

Tómense el tiempo del mundo,
pues este no tiene prisa,
quiero darles más de lo que tengo,
incluyendo mi último aliento.

Ojitos de mil colores,
ojitos de mi corazón,
díganme por qué se inundaron
y no precisamente de amor.

Le grito a la luna,
¿por qué no te mira?
Le reprochó a la vida,
¿por qué te maltrata?
Debajo de la cascada
te entregué mi suspiro.
Y ahora te miro
y me pregunto: «¿Por qué no haces lo mismo?».

Ojitos de mil colores,
ojitos de mi corazón,
díganme por qué se inundaron
y no precisamente de amor.

Si de consuelo les sirve,
me gustaría decirles
que a todos en algún momento
la vida nos ha tratado mal.

Sin embargo, aquí estamos
contemplando la rosa del cactus,
arrancándole la espina a Dios.

Ojitos de mil colores,
ojitos de mi corazón,
díganme por qué se inundaron
y no precisamente de amor.

16 años

Apenas un suspiro

Apenas un suspiro,
y ni eso fuimos.

Una bocanada de aire
es lo que necesito
porque ahí podré ahogar mi voz
cada vez que grite tu nombre,
cada vez que le exija a las estrellas
que me concedan mi deseo de volver a verte.

Parece tan lejana
la última vez que nos quisimos,
pero ahora extraño el caos que hicimos.

Hoy me encuentro peor que ayer,
pues el corazón se me ha estrujado
y todo por tanto correr,
pues contigo quise llegar justo al final,
a la meta de nuestro maratón.

Te pido, por favor,
no nos compliques más,
te pido, por favor,
que partas ya,
y nunca vuelvas.

16 años

Si me dieran a escoger

Si me dieran a escoger
entre tú y mil más...
estoy segura:
yo te elijo a ti.

Aunque eso signifique
que después —y no tarde—
tenga que volver a soportar
el que me rompas el corazón.

Haré lo que tenga que hacer.
Si tan solo supieras...
Hoy volaré el cielo, mi cielo.

Porque tengo que amarte,
porque tienes que amarme,
porque tu luz se va apagando, al igual que la mía.

Porque los dioses lo saben,
porque las estrellas se alinean,
porque así ya está escrito,
porque nuestros cuerpos y almas desnudas
forman un precioso misterio.

16 años

Todavía

Cuando por las noches estoy en cama,
olvidando el día y persiguiendo el sueño,
todavía puedo percibir tu aroma
que tanto me vuelve loca.

Cuando el cielo se torna gris
y al corazón le falta vida,
todavía puedo dibujar tus labios,
ayudándome de un pincel que me sale del pecho.

Recogí los fragmentos de los recuerdos,
acaricié la palabra nosotros,
pero ahora solo quedó otros
(supongo, aquellos que tomarán nuestro lugar).

Hoy jalé la cuerda del telón,
cayó sobre el escenario de nuestro teatro.
Me di cuenta que a nuestra obra
nadie vino ni a asomarse.

Todavía conservo tu sabor en mi boca,
mi cuerpo me pide tu calor,
mis manos extrañan las tuyas,
y el deseo de tenerte crece dentro de mí.

Porque mi herida sangra sin tregua,
y la sonrisa se me desdibuja,
todavía no puedo escuchar tu nombre
sin evitar sentirme rota.

16 años

Abrazo de medianoche

Anoche —como todas las noches—
abracé tu recuerdo,
pronuncié tu nombre de la forma más dulce que conozco,
me empapé de tu aroma,
me enredé entre tus brazos
y te juré amor en los labios.

Anoche, como todas,
decidí ignorar la luna,
la misma que tanto hiciste mía
en cada uno de tus poemas.
Abrí los ojos de mi sueño,
acaricié lo que quedó de «lo nuestro»,
grité en vano tu presencia,
y extrañé tu calor.

Anoche, como todas, llegué a las estrellas,
para así poder contar a cada una de ti.
Bajé de regreso a esta Tierra
esperando la próxima noche
para poder volver al cielo
y conversar con otra estrella,
pues cuando acabe de decirle a cada una de ti,
podré, por fin,
dejar de abrazarte a medianoche.

16 años

Es usted

Es usted,
con su sonrisa brillante,
su alma palpitante,
su cuerpo embriagante,
quien me visita en las noches,
quien conoce mis deseos.

Es usted,
con su voz seductora,
con su voz imborrable
y su devoción memorable,
aquel que roba mis pensamientos,
y de vez en cuando mis besos.

Es usted,
con todo ese torbellino
al que llamamos vida —su vida—
y una pizca de su locura,
es usted,
a quien quiero, deseo y anhelo
que se quede aquí,
quien quiero que no se marche
una vez que usted encuentre
todo lo que siempre buscó.

16 años

La debilidad de mi cuerpo

Dulcemente traviesa
es la debilidad de mi cuerpo,
que se derrite por dentro
con cada uno de tus recuerdos.
Tu hermoso semblante,
que puedo mirar a la luz de la noche,
deja entrever un poco de ti,
quizá la clave de tu existencia.

Hoy te entrego la vida palpitante,
esta misma que he transformado en una rosa,
tú me entregas la pieza faltante,
ahora he decidido probarte.

El cosquilleo que siento en el pecho
ha llegado a mis piernas,
el sabor a verdad de tu boca,
me hace el quererte aún más.
Ojalá y no… —pienso en silencio
al momento que toco tu espalda sagrada—
ojalá y no sea nuestra última vez,
continúo mientras incremento mi respiración.

Te miro a los ojos
y percibo deseo,
te pruebo la piel
y percibo querer.

Sabemos muy bien
que la noche no es joven y
que nuestra aventura temporal
es meramente subjetiva.
Pero ahora,
tu desnudez, parcialmente visible,
me atrae a lo profundo,
inclusive a lo desconocido.

Los colores en tus ojos
combinan con los colores de los amaneceres,
y la palidez de tus labios,
con el tono de las tormentas.

Después de un par de caricias,
besos apasionados y demás,
me encuentro realmente intrigada,
yo quisiera saber ¿quién eres tú?

Entonces, es ahora cuando decido abrirme,
abrirme en cuerpo y alma ante ti,
ahora es cuando soy vulnerable,
sabiendo que me tienes,
y yo esperando tenerte.

16 años

Razón, ¿cuál razón?

Razón en este mundo,
que gira tan de prisa,
razón en fragmentos de luz,
razón en un pedazo de vida.
Pero ¡¿cuál razón?!
Razón pudiente de girar mares,
razón pudiente de atraer almas
(razones propias tendrá cupido).

¿Acaso la razón encuentra su razón?
Razón de ser y de amar,
y cualquiera que sea,
mi razón de amarte.

Razón, ¿de dónde vienes?
¿En dónde estás?
¿A dónde vas?
¿Dónde te quedarás?

Razón, ¿acaso existes?
Te encuentras presente
en nuestros cuerpos de carne y hueso,
¿o dentro de nuestras frágiles mentes?

Razón, ¿cuál razón?
Porque razonando esto
no encuentro nada de razón en ello.

16 años

¿De qué me sirve tu presencia?

Dime, amor mío:
¿de qué me sirve tu presencia,
si no puedo tomarte,
si no puedo tocarte?
Es más, no puedo siquiera llamarte amor.

Entonces, te miro y me pregunto:
«¿De qué me sirve tu presencia?».

Y peor aún,
cuando ahora sé que ya has probado otra piel,
porque, claro, estarías perdido
si no hubieras aprovechado la ocasión.

Regresaste a adorar
a tu antiguo querer,
aun sabiendo
que este no es correspondido.
Y aun sabiendo
que yo no te he superado.

Pero cariño,
puedes regresar,
puedes enmendar tu error,
puedes acabar la situación,
podemos volver a querernos,
para que así deje de preguntarme:
¿De qué me sirve tu presencia?

16 años

Lo profundo

Esto es cariño,
lo profundo:
te vistes color alegría,
ese negro éxtasis,
con toques de color suerte,
pero vida mía,
esos tonos no te van;
en tus ojos se nota melancolía.

Sales por las noches,
creyendo conocer el mundo,
aunque en realidad,
no te conoces ni a ti.

¿Quieres hablar de mí?
Hablemos, pues;
podrás decir de mí lo que quieras,
pero nunca sabrás quién soy yo.

Vengo de las tierras lejanas,
aquellas cálidas de la costa.
Por las noches me ahogo en mis propios deseos,
beso suavemente la amargura,
y hago el amor con la soledad.

Abrazo a mis padres con temor a perderlos,
consumida por el miedo siniestro.
Soy la niña buena de tus pesadillas,
mi cara es inocente, o al menos eso dicen.

Creo saberlo todo,
pero solo soy una chica que escribe.
Actúo como si el mundo estuviera en mis manos
y como si mi vida se tratase de un caso aislado.

¿Ya terminaste?
Existe una espada,
esta de aquí, filosa y brillosa,
que cada día amenaza,
en un hundirse un poco más.
De sobra está decir,
que me desgarra a diario.

Esto es cariño,
lo profundo,
la sangre corriendo por mis venas,
mi irreversible locura,
la venerada y misteriosa feminidad,
el fuego de mis entrañas,
los demonios de mi alma,
los amores de mi vida,
el principio y el fin de mi existencia.

16 años

Sátira

Fuego ardiente de mis entrañas,
hielo ardiente del desierto,
de mercurio se llenan los pulmones,
la manzana del Edén he probado.

La rosa carmesí sobre el lago,
el sultán me ha estafado,
de oro cubre la herida,
a ver si con eso besa a Matilda.

Dulce ansiedad,
tesoro de mi vida,
tu sabor tengo en los labios
quemando la punta de mi lengua.

Ofrezco un brindis por las pesadillas,
porque como Oscar Wilde dijo:
«Nos prometieron que los sueños se vuelven realidad,
pero se les olvidó mencionar que las pesadillas también son sueños».

Entonces nos dijeron,
«el macho conquista a la hembra»,
porque entonces nos mintieron,
no estamos incompletos.

Y luego julio con su sequía,
que viene a matarme,
justo a destrozarme,
después de la muerte de las flores de invierno

Pobre virgen María,
quien tuvo que ocultar que ya era abuela,
suegra de Magdalena,
¡oh, querida blasfemia!

Pero aún cuerda
puedo asegurar que todo esto acabaría,
es más, ni siquiera lo hubiera empezado
si tan solo esta noche tu durmieras en mis brazos.

16 años

La maldita noche fría

Pero que importuna es esta noche
que me desgarra y me lastima,
me hace hoyitos en el alma.

Porque hoy soy yo
quien a la cama se va sola,
sin tu cuerpo tibio abrazándome,
extrañando (de costumbre),
tus besos y tu pasión.

Esta noche tú no estás solo,
a ella has encontrado para hacerte de su compañía,
y aunque sea solo por una noche,
estoy segura la recordarás,
estoy segura la repetirás.

Y cariño mío,
sé que, aunque me niego rotundamente,
tú ya no me extrañas,
y es más, nunca sabré si alguna vez lo hiciste.

Porque sin importar lo que sucedió,
no te importó el que me quedara atrás,
porque aunque yo solo fui una etapa para ti,
tú en cambio fuiste mi más grande adoración.

Y es entonces, en esta maldita noche fría,
donde yo abrazo tu recuerdo,
mientras tú a kilómetros de distancia
abrazas otra piel.

16 años

Soy escritora

Así es, mundo, soy escritora;
pero no es la gran cosa, ¿sabes?
Cuando escribo
suelo creer (erróneamente) que lo sé todo.
Pero la verdad es que no sé nada.

Guardo un gran número de manuscritos
sin terminar
porque no los considero lo suficientemente buenos,
a veces tengo historias en la mente,
pero no logro encontrar cómo plasmarlas.

Estoy llena de inseguridades y de miedos,
no muestro mis escritos a cualquiera,
pero al mismo tiempo quiero que todos los lean.

Nací con este don,
pero no quiero una carrera gracias a él.
Soy escritora,
juego y acomodo palabras para expresar
mis sentimientos,
pensamientos,
inquietudes,
dudas, deseos y miedos;
si tengo suerte, a la gente le gustará,
o quizás rían con las historias que invento.

Por desgracia,
yo no construyo,
no descubro,
no resuelvo
la forma de ayudar a la humanidad
(cosa que anhelo),
ni de progresar.

A veces pienso que los escritores no somos la gran cosa,
simplemente plasmamos letras
que se convierten en palabras
dentro de un trozo de papel,
pero, ¡vaya!,
con un poco de imaginación cualquiera podría hacerlo.

Ahora bien,
si alguien sensato leyera todo esto,
diría que me estoy menospreciando,
y de paso a los demás como me elogio por costumbre a mí misma.

La verdad es que tendría razón,
no me considero lo suficientemente buena.
Pero, ¡vaya!, no hay que confundirse,
el hecho de que me muestre desnuda
no significa que no sepa guardar secretos,
no significa que me sienta víctima,
no significa que me conozcan,
pues la verdad es que ni yo me conozco del todo.
Así que para terminar esto,
solo quiero dejar en claro que no pretendo ofender a nadie,
y que hay escritores que admiro.
Gracias.

16 años

Soberbia

Tus ropas se cubren de brillo,
saludas con fina hipocresía,
y sonríes con singular belleza.

Haces, deshaces y manipulas a tu antojo,
yo, sin duda,
caí en tu infernal juego.

Tienes todo lo que quieres
—y a quien quieres—
cuándo y cómo quieres.

Ardiendo en ira,
conociendo el sabor del rencor
y muriendo en coraje,
gritando maldiciones al viento,
llevándoselas y trayendo una nueva,
¡vaya!, bendita sea.

Cariño, me conoces bien,
sigue disfrutando la tertulia,
pronto te quitaré la maldita soberbia.

16 años

Pronto tendré otro amor

Ya casi… falta poco,
la primavera se aleja,
y el otoño se asoma,
y yo sueño.

No tardo, mi amor,
no tardo.
Pronto conoceré a alguien,
alguien que encuentre fascinante mi compañía.

No diré que seré feliz,
pero tendré una nueva ilusión:
comenzaré de cero,
me tomaré mi tiempo.

Y esta vez no succionaré su aliento,
no seré tan egoísta para despreciarlo,
mejoraré como persona,
seré precavida y paciente.

Pronto, muy pronto, mi amor,
tendré otro amor,
podré compartir mi tiempo y mis sueños,
con alguien que no seas tú.

Pero en lo que eso pasa,
te regalo mi último adiós.

16 años

TERCERA PARTE:
charcos y estrellas

¿Por qué me elegiste?

Porque antes de ser espina,
yo era
rosa,
porque antes yo era vida,
y hoy me toca ser muerte.
Justo ahora,
cuando los corazones sangran
y los huesos se quiebran.
En esta noche de santa Ana,
puedo ver como desde lejos
se asoma la silueta de la tristeza,
siempre tan segura y tan deprisa.
Desafiante a la locura,
me dicen que no conozco la amargura,
la miseria ni el dolor,
admito que alguna vez tuvieron razón,
pero definitivamente hoy no,
cada minuto se vuelve peor,
me quiebra, me ata,
me araña, me mata.

Las imágenes están borrosas en mi cabeza,
confundo recuerdos con personas,
confundo voces con canciones,
el efecto es delirante
y a la vez desafiante,
casi narcótico.
Bendita droga psicótica,
mira lo que me provocas,

mira cómo me enfermas.
Lenta y detenida,
así eres tú,
esta es tu esencia
tan única e inconfundible,
pues siempre superas las expectativas,
das mucho más de lo que prometes,
recorres todo mi cuerpo,
el mismo que dejas frío y pálido,
justo después de tu tacto,
acto que encuentro más sensual
que el mismo orgasmo.
Y es ahora cuando me pregunto:
«Depresión,
¿por qué me elegiste?».

16 años

Te retiras...

Dejas sobre la mesa
más de una vida,
vida mía.

Mi aire, mi base,
mi estado, mi sombra,
mi voz y mi todo.

Veme a los ojos,
y dime si no me ves
caminar en más de mil penas...

Justo después de cruzar el bosque de desierto,
ahora puedo entender mejor tu proceder,
el mismo que llega a abandonarme.
Creí que me encontraba en mis cinco sentidos,
creí que no me lastimarías,
pero ahora solo puedo ver lo mucho que te lastimé.

Discúlpame,
discúlpame, vida mía.

16 años

Ser humano

No te rindas,
ser
humano;
no te calles,
sé humano.

Aún hay tiempo,
aún hay buenos,
aún hay humanos,
que somos humanamente humanos.

Evita aplaudir la injusticia,
seca las lágrimas ajenas,
cuida lo propio y lo ajeno.
no todo es tóxico.

El sol sigue saliendo,
el mar sigue su
curso,
las flores siguen creciendo,
inclusive nosotros seguimos aquí.

Si tienes ojos, aprecia.
Si tienes manos,
acaricia.
Si tienes oídos, escucha.
Si tienes voz, habla.

Por favor,
sé humano.

16 años

La chica de las dos coletas

Rápidamente he cumplido 17
o la edad dorada —como la llaman algunos—.
Mi generación es muy pesimista en cuanto a esta edad se refiere,
pero esta vez no caeré en su juego.

Últimamente he tenido la intensa necesidad
de plasmar todo lo que he aprendido.
Aun cuando no es posible hacerlo al 100 %,
haré mi mejor esfuerzo a través del arte.

Porque últimamente,
prefiero el cabello corto en vez de largo,
prefiero sonrisas auténticas en vez de falsas,
amarme a mí misma en vez de lastimarme,
porque últimamente,
me he convertido en la chica de las dos coletas.

Después de experiencias dolorosas,
he decidido por fin superarlas, así es cariño,
puedes verme bailando sola.

Apenas descubrí lo mucho que me gustan
las exposiciones fotográficas, las artes marciales,
los libros viejos
e inclusive la cultura asiática.
Cada día me siento más yo misma.

Anteriormente,
solía quedarme despierta toda la noche solo para llorar;
actualmente,
me quedo despierta para crear.

Solía decirle a todo el mundo
que mi género favorito de música era el indie,
pero, recientemente, empecé a escuchar música coreana,
hay algo mágico en ambos géneros.

No hace tantos días,
decidí contactar con mi feminidad,
me había estado matando por ignorarla,
¡qué fortuna que la noté!

Caminando por la calle,
o gritándolo a todo pulmón,
puedo decir lo orgullosa que estoy de ser latina,
¿quién más como nosotras?

Porque últimamente,
prefiero el cabello corto en vez de largo,
sonrisas auténticas en vez de falsas,
amarme a mí misma en vez de lastimarme,
porque, últimamente,
me he convertido en la chica de las dos coletas.

17 años

Cuerpo nuevo

Ellos solían tener fe en nosotros,
pero eso ya es pasado.
Cada vez lo hacen más difícil,
y esto sí pasa en el presente.

Pero a pesar de ello,
encontraremos la manera de superarlo,
porque somos soñadores a morir,
que poseemos un cuerpo nuevo a defender.

El reloj nos advierte a cada instante:
«El tiempo no se detiene por ti».
Cada día estamos más cerca de ser adultos,
poquito a poquito.

El tictac me preocupa,
¿acaso estoy enloqueciendo?
Nunca me había sentido así,
esto es demasiado para tan poca vida.

¿Puedes vernos?
Estamos rotos,
y ustedes nos están rompiendo,
no podemos hacer esto solos…

Pero a pesar de ello,
encontraremos la manera de solucionarlo,
porque somos soñadores a morir,
con un cuerpo nuevo a defender.

17 años

La edad de oro

¿Por dónde puedo empezar?
Las ideas vienen a mi cabeza,
ahora solo necesito acomodarlas en palabras,
justo ahora mientras la música de Ji-eun está sonando.

Muy bien, aquí voy.
La edad dorada ha llegado como una revelación,
ya no soy más una niña;
el reloj ha comenzado a funcionar.

Como sea, «aún estoy a tiempo, ¿verdad?».
Apenas tengo diecisiete, todavía soy muy joven;
y eso sin mencionar
el hecho de que aún quiero y tengo mucho que aprender.

Por ejemplo,
las chicas de mi edad están muy concentradas en sus primeras relaciones amorosas,
mientras que yo estoy más concentrada en mi carrera
—y así es, puedes llamarme rara—.

Me han llamado egoísta múltiples veces,
y solo por no querer compartirme a mí misma con alguien más,
pero ¿adivinen qué?,
estoy demasiado contenta de esta manera.

Como sea...
¿Acaso tienen una idea de quién soy yo
o de las batallas que he tiendo que pelear,
todo en el afán de convertirme en mí misma?

Ya no importa,
porque últimamente no me he estado enamorando,
me encuentro haciendo dinero,
aunque ya sé que eso no te sorprende.

Muy pronto voy a dominar al mundo,
mi fama crece cada día más y no puedes evitarlo,
tu odio alimenta mi orgullo.
¡Vamos!, no lo pienses tanto.

¡Oh!, ¿pero qué hora es?
Mi teléfono dice que ya pasa de la medianoche,
y no me toma por sorpresa enterarme,
estoy muy ocupada como ya te dije.

Y solo porque la vida no dura para siempre,
voy a quedarme despierta un rato más,
porque, claro,
siempre hay algo bueno que hacer.

Pero espera... ¡casi olvido algo!,
la edad dorada ha llegado a mí con una gran revelación:
el éxito no es nada fácil,
estoy intercambiando mi juventud para alcanzarlo.

17 años

Tiempo de cambios

Los días están resultando más difíciles de lo habitual,
todo está cambiando;
yo misma estoy cambiando.
Mi corazón late rápido por este sueño,
inclusive mi mente está dividida en dos,
la realidad contra la ilusión.
Espero esto no sea una fantasía,
sé que soy real.
Inclusive cuando mi cuerpo está cayendo dormido,
no puedo evitar quedarme despierta,
y más extraño es que cada vez que sale el sol
mentalmente no estoy cansada... no del todo.
¿Cómo es que he crecido tan rápido?
Todavía no soy una adulta,
pero cada día me acerco más a serlo.
No me malentiendan,
estoy emocionada por el futuro,
pero también estoy asustada.
¡Claro que quiero crecer!,
solo que aún no me siento lista.
Y lo sé, el tiempo no se detiene por mí.
Pero, aun así, realmente no sé qué estoy haciendo.
Justo ahora cuando la edad adulta se acerca a mí
es cuando puedo entender con mucha más claridad mi juventud.
Para todos aquellos que vienen después de mí, escuchen:
todo esto es por ustedes.

Quiero que vivan en el mundo en que yo nunca viví;
en uno mucho mejor.
Esta es la temporada de cambios,
vamos a cambiar juntos.
17 años

Colegio

Esto no es nada natural,
dejen de medir mi inteligencia con un número,
soy mucho más que eso,
puedo probarlo.
Desde que tengo memoria, todos los días
mis maestros se enojan conmigo:
«Deberías prestar atención a lo que realmente importa,
deberías prestar atención a la escuela».
Sí, eso es lo que me dicen.
Estoy harta de esto.
Aun cuando no voy a hacerlo,
a veces quiero rendirme
e ir a perseguir mi sueño sin mirar atrás.
Justo ahora mi cuerpo está cansado,
pero no voy a descansar,
no importa el que tenga que ir al colegio en unas horas.
Pero ahora, díganme,
¿soy la única con este sentir?
Dime, juventud,
¿tienes el mismo sentir que yo?...
Y de repente
nos acostumbramos tanto a la rutina.
Es a mi edad
cuando nos dicen que pensemos «afuera de la caja»,
cosa que es absurda,
ya que toda la vida nos han dicho que pensar.
Pero, bueno, querido lector,
si has llegado a este punto esperando encontrar poemas de amor,

déjame decirte que definitivamente has llegado al lugar equivocado.
¡Ya detente, por favor!
No me conviertas en una máquina,
soy un ser humano igual que tú.
Aunque, a pesar de esto,
yo voy a continuar,
porque aún quiero y tengo mucho que aprender.
El camino por el que ando no es nada fácil,
y en sí ningún camino lo es en realidad.
Así es, lo llamamos «vida».
Durante este año, que va corriendo,
puedo notar que aún tengo dudas,
mi mente está jugando conmigo,
pero yo, sin importar eso,
aquí sigo y aquí seguiré.
Invirtiendo noches enteras para alcanzar mi sueño,
escribiendo mi mejor poesía,
estudiando nuevas culturas (y sus idiomas),
practicando vocalización como loca,
bailando sola en mi habitación,
misma habitación que estoy dejando poco a poco,
misma habitación que dejo mucho a mucho.

17 años

Juventud desperdiciada

Últimamente la vida no ha sido nada fácil,
de hecho, nunca te sonríe de a gratis.
En estos días, cada vez que recuerdo años pasados,
mi gloriosa juventud me dice que está por abandonarme.
Realmente creo que he podido encontrar el punto,
el punto mismo de mi juventud,
y siendo sincera, me gustaría permanecer igual;
igual de activa, igual de dispuesta, igual de joven.
Créanme cuando digo que amo la nueva versión de mí,
amo profundamente mi yo de estos 17 años;
y estoy segura de que hay mucho más por venir,
ya puedo sentirlo.
Pero, querida vida,
permíteme disfrutar mi juventud un poco más,
por favor, no me obligues a crecer ahora,
por favor, permíteme ser joven y rebelde un poco más.
En verdad creo que estoy siendo más yo misma,
puedo comprobarlo mientras escribo estas líneas,
puedo probar lo lejos que he llegado,
y lo lejos que busco llegar.
Basta de creerme una ingenua,
sé muy bien que la vida es hermosa
e injusta,
pero también sé que me ha dado mi juventud,
una juventud que ya no pienso desperdiciar.

17 años

Superestrella

Últimamente he estado pensando,
pensando mucho acerca del futuro,
y es aquí cuando viene la pregunta incómoda:
«¿Qué vas a estudiar?»,
mi sonrisa incómoda aparece,
mi mirada es desviada...
«aún lo estoy pensado»,
respondo de manera dudosa,
mientras por dentro la dulce ansiedad gana territorio.
Porque de donde vengo
la gente siempre me juzga,
y con más razón cuando se trata de mi sueño.
Pero, a pesar de todo, tengo un plan,
y no tiene nada que ver con quedarse en la zona de confort.
La fe es mi arma secreta,
no puedes despojarme de ella.
Hace algunos ayeres
cuando les conté a todos mi reciente pasión por la política,
su mejor respuesta fue el que debía prepararme bien
para llegar a ser la primera dama,
pero ¡adivinen qué!,
Yo quiero ser la Presidenta.
Como sea, todos ustedes no deben quitar los ojos de mí,
porque me voy a convertir en una mujer excepcional
que convertirá su sueño en realidad.

17 años

Número 1

No hay necesidad
de esperar toda la vida.
Nuestra realidad es una carrera,
una competencia que no tiene fin.
Mi caso no es aislado,
mucho menos único ni exclusivo.
La cabeza me da vueltas,
y nuestros cuerpos no paran de temblar.
«¿Quién es el número 1?».
Ansiamos conocer la respuesta,
pero después de haber perseguido el primer puesto toda la vida,
ahora me pregunto:
«¿Cuál es nuestra obsesión con este número?».
Siempre lo buscamos y lo anhelamos,
pero ¿es en verdad toda nuestra existencia?
Quiero ver un mundo más feliz,
quiero ver los sueños cumplirse,
pero al mismo tiempo
yo también quiero ser la número 1.

17 años

Molde familiar

Desde que tengo memoria,
mis preguntas nunca han sido respondidas,
me han llamado «rara» gracias a ellas.
Siempre buscando una manera de argumentar,
creo que puedo encajar en esa descripción,
por lo menos es la manera en la que me conocen.
Mi familia cree en la educación como base del ser;
me llamarían ambiciosa
si les digo que mi sueño
es graduarme como una estudiante con honores.
Pero, pensándolo bien,
yo no soy como mi familia.
Hace unos días,
justo en el camino a casa,
le pregunté a mi papá acerca de su mayor sueño siendo joven,
su respuesta fue el terminar la universidad,
entonces decidí hacer lo propio con mi mamá,
su respuesta fue el estudiar Ingeniería en el extranjero,
¿acaso debería de sentirme mal ahora?
Mis sueños no involucran una carrera académica,
ya me he decidido a ser una artista de tiempo completo,
así es... ya lo grité ante el mundo.
Familia, en verdad lo siento mucho,
pero voy a luchar por mi sueño,
esperando que algún día pueda traerles orgullo.

17 años

Madre

Últimamente
me he quedado despierta hasta tarde,
disculpa, en verdad, si me notas distante.

Créeme, por favor, no busco herirte.
Madre,
hay muchas cosas que quiero darte antes de irme.

Pero antes de eso dime:
¿podemos ser felices?
Cuando lloro y digo que busco darte orgullo,
no te estoy mintiendo,
a pesar de que me conoces por mentirosa.

He pasado mi vida
tratando de entenderte y dándote lo mejor de mí,
y ahora
solo te pido me des un poco más de crédito.

Te conozco;
y no me conoces, no.
Sé que no me entiendes,
y ya no busco que lo hagas,
nuestras realidades son muy diferentes,
hoy te pido que me apoyes.

Por favor, dime, ¿podemos ser felices?,
estoy cansada de sonrisas forzadas
y exigencias irreales en el exterior,
mas no dudo que tú también.

Por eso,
al ingresar aquí, busco refugio en ti; te busco a ti.

¿Podemos ser felices?
Porque yo ya lo soy contigo.

17 años

Soy artista

¿Qué más puedo pedir?
Mi mente viaja lejos cada vez que me hablas.

Dices que mi trabajo es fácil,

Dices que no vale la pena.

Rara vez me encuentras dormida,
nunca entenderás mi amor por la luna.
¿¡Qué más da!?

Siempre soy la primera en levantarme.
Y tienes razón,
empecé después que los demás,
realmente no me importa.
Sé que aún emano juventud.

No soy nadie para corregirte,
yo tampoco soy perfecta.
Me juzgarás toda la vida,
en vez de vivir la tuya.
Más te vale prepararte,
esto apenas comienza.

17 años

Mentiras

Llegó el momento en el que tu vida se desmorona,
incluso cuando ya lo sabes
no puedes evitar decepcionarte.
Mis abuelos les dijeron a sus hijos que la escuela lo era todo.
Sus maestros les juraron que, si estudiaban duro,
obtendrían el mejor puesto en la compañía.
Mis padres vendieron su juventud
a cambio de una buena vida;
hoy solo noto el cansancio en sus ojos.
Ellos creen que por ser joven no tengo preocupaciones o
ambiciones,
está de más decir que se equivocan.
Aunque sabes que no soy la más honesta,
tendrás que saber que cuando se trata de arte
nunca escribo ni una sola mentira.
La mujer sentada a mi lado
me asegura que no tengo talento,
el hombre sentado a su lado
me critica por mi apariencia.
Digan lo que digan,
el resultado es totalmente opuesto,
y —para ser franca—
este poema es de lo más productivo
que he hecho el día de hoy.
Aún recuerdo cuando, hace no mucho tiempo,
afirmaba que me conocía a mí misma,
pero la verdad es
que no tengo idea de quién soy yo.
La mueca en tu rostro,

me dice que no disfrutas nada de esto,
¿qué más da?
Trabajo duro por mi sueño;
y ahora que mi luz comienza a brillar,
ni tus mentiras podrán detenerme.

17 años

Vamos a dejarlo así

Hoy las cosas no salieron muy bien, ¿cierto?
No todo estuvo a mi favor y lo acepto.
He estado dispersa últimamente,
concentrarme en mí, día a día, me cuesta.

Mi maestra me confesó que está harta de la vida,
así que yo hago lo mismo.
De camino a mi casa
hubo un choque en la gran avenida.

Mis ojeras me demuestran cansancio,
pero ya no logro conciliar el sueño.
He pensado mucho en estos días,
en todo lo que pudo haber sido y no fue.

También me miro en el espejo distante,
mi caminar ya no es el mismo.
La bandera ondeando en el asta
hoy ha detenido su curso.

¿Pero qué es esto?
¿Acaso he fracasado intelectualmente?
¿Qué más da?
Vamos a dejarlo así...

17 años

No tengo idea de cómo se va a llamar

El sol ardiente ciega mi vista por unos segundos,
hago una mueca de dolor,
y bajo mi vista al libro abierto que reposa en mi escritorio.
¿Qué se supone que he aprendido?
La verdad, solo estoy contestando por inercia.
Todas las palabras y ecuaciones
solo se han convertido en conceptos vagos,
que memorizo año tras año.
He dedicado 14 años de mi vida a esta falacia.
¿Qué se supone que significan?
Cada día me siento más vacía.
Aunque sé que cada vez se acerca más,
no me quiero convertir en adulta,
y menos si eso significa repetir el patrón.
¿Por qué la vida se basa en la educación?

Anteriormente amaba el algoritmo,
hoy lo detesto por completo.
Mis amigos se preparan para entrar a la universidad,
mientras que para mí
el solo pensar en ello me agobia más de lo que creen.
Ken Robinson dice que la escuela no es para todos,
¿cómo voy a explicarle eso a mis padres?
Tengo muchos sueños y ambiciones,
pero no involucran la escuela como la conocemos.
¿Qué hay de malo en ello?
No voy a rendirme así,
mi futuro es brillante.

Sé perfectamente la existencia de la ilusión,
el algoritmo me enseñó bien.
Entro a mi cuarto sin ninguna razón;
en la pared cuelgan mis logros académicos.
¿Qué se supone significan?
No me siento como una ganadora.
Por favor, no se confundan,
yo adoro aprender cosas nuevas,
adoro leer y hablar de lo que leo,
yo adoro el conocimiento,
pero si me hablan de la escuela...
Ya no me obliguen a poner un pie dentro.
¿Por qué me causa tanta angustia?
Soy una bomba de tiempo,
pero la verdad no quiero explotar.
«¿Qué hay de malo conmigo»,
me pregunto cada vez que lo pienso más.
La escuela no es tan mala en realidad,
he aprendido mucho estando en ella,
pero la verdad estoy agotada.
Mi mente divaga en otros planes,
esto ya no es más mi prioridad,
tengo que salir ya de aquí,
y voy a salir, antes de que sea tarde.

17 años

Jungla

El ciclo escolar está a punto de acabarse,
y junto con él
mi propia existencia estuvo a punto de hacerlo también.
Papá está contento porque aprobé mis exámenes finales,
aunque yo no tengo la más remota idea de qué significa eso.
Algunas veces
noto como mis sueños comienzan a acumular polvo.
A veces
pienso en que no voy a lograrlo.
En la jungla del conocimiento
soy mucho menos que una semilla.
Mi cerebro, mi corazón y mi cuerpo,
simplemente no han tenido suficiente,
aun cuando estoy cansada
de esta repetitiva rutina,
mis esfuerzos, por fin, comienzan a notarse.
Desde hace muchos años
supe que la vida no es cruel para muchos de nosotros.
¿Existe algo así como la «justicia»?
El conocimiento que llevo dentro
me hace infeliz;
en cambio, el que he aprendido
por mi cuenta y mi interés
es lo que en realidad creo que es educación. Así que escúchenme todos:
yo voy a florecer en esta jungla de la vida,
yo voy a convertirme en una estrella,
pero de la única forma que yo conozco.

17 años

Sol de medianoche

Las aguas de Babilonia se han secado
y el sendero del Palacio se ha desmoronado.
Dicen que en Roma
las campanas cristianas
ahora cantan mantras sagrados.
El Arco del Triunfo,
por fin, le ha dado la bienvenida
a la tan merecida victoria.
La escopeta eufórica
hoy ha cesado su grito.
Encima de la mesa sobria,
el plato tibio ya ha sido entregado a la boca correspondiente.
Dentro de la vena principal,
la alegría ha de pasar.
El aire de hoy
es mucho más fácil de respirar.
Las palomas han volado libres,
e inclusive las mismas golondrinas
han cantado para nosotros,
porque la euforia ha llegado,
al igual que una estrella fugaz:
suertuda e inesperada,
tal como lo vemos hoy
con este sol de medianoche.

17 años

Los muertos están tristes

Pobres nuestros,
tan cansados andan de la muerte,
que prefieren darse una vuelta,
mientras lo demuestran con esta lluvia.
Cada año nos visitan,
bien puntuales y presurosos,
pero cada vez se les hace más difícil,
arrastran sus almas pesadas y con los pies hinchados
apenas y logran el camino.
Nosotros, los vivos,
nos vestimos de gala y preparamos delicias,
alumbramos el camino,
pero sin importar aquello,
simplemente,
no logramos ser felices.
¿Qué?, ¿acaso una vez muerto,
la que fue tu casa,
ya no te ofrece bienvenida,
ya no te da cabida?
Pobres muertos,
tan cansados andan de la muerte,
nos lo demuestran con esta lluvia.
Y la cosa es que he sido egoísta,
he estado tan dentro de mí misma,
sin siquiera ayudarlos a que no caigan a la deriva.

17 años

Querida juventud

Ha llegado el punto de mi vida,
cuando ya no puedo dar marcha atrás,
a veces parece que tomo mis propias decisiones,
pero otras soy solo una marioneta.
Ya no quiero estar triste,
aunque sé que estarlo es inevitable,
si no es que hasta incurable.
Y bien dicen que
esto es parte de la vida,
yo soy una mujer intachable,
y aún tengo fe para dar.
Las puertas del conocimiento,
se han abierto por fin para mí.
Así como hoy,
en esta noche de alabanza,
debajo de este árbol firme y sereno,
me he de acurrucar,
con una sonrisa de oreja a oreja
y un cuerpo sano hasta los pies,
me he de persignar.
Esperando que algún día,
aunque sea breve,
aunque sea poco,
pueda finalmente brillar.

17 años

Mi cuerpo guerrero

De mis pies descalzos,
el viento ha sido testigo,
pues yo ya recorrí
el camino que me ha de tocar,
el camino duro y cansado
que me ha de tocar.
Brinqué, salté y corrí,
todo... para poder llegar a mi destino,
el mismo que ahora llaman
santo y fundador.
Aquel en donde narran que
una serpiente fue devorada cual carnada,
cual carnada celestial.
Y de mis piernas firmes,
yo ya soporté el camino de las montañas,
las espinas del maguey,
y en mis rodillas de oro
me apoyé cada vez
que a mis hijos vi caer.
A mis muslos, antes virtuosos,
cuchillos y filos até,
y aunque de vez en cuando me corté,
igual que todos luché.
En el vientre tibio,
y a veces por capricho,
a toda vida llevé
para que una vez las heridas,
que con sangre sane,
por fin decir podré:

¡un país yo heredé!
Y de mis pechos,
leche dulce,
con sabor a miel,
a todos frutos y vida di.
Y sembramos maíz,
frijol, chile y azúcar,
y amaranto,
papa, tomate y valor,
valor,
valor para crecer y ver crecer,
valor para siempre y para nunca,
valor para aguantar y dar aliento,
valor para sufrir y dar amor,
valor para vivir y ayudar a vivir.
Valor en todos mis hijos coseché,
que aun cuando ha de llover,
de pie habremos de bien ver
ver el porvenir.

17 años

(la madre patria)

CUARTA PARTE:
La última y nos vamos

¡Oh, mujer!

Criatura necia, empedernida,
insistes en ser desobediente,
¿qué?, ¿no entiendes
que soy yo mismo quien permite tu existencia?
Lo hago,
desde el momento mismo
en el que por mi mando
corren las alas de la vida,
mismas que he decidido quitarte
al momento de nuestro cruce.
¡Oh, mujer!
¿por qué insistes en ser rebelde?
Tú no naciste para llevar al mundo, eres un error de la biología,
eres inferior a mí.
Yo soy el único inteligente aquí,
pues ni la mitad de tu cerebro
está listo para enfrentar al mundo real.
La cultura y elegancia
déjalas para mí,
yo estoy a cargo.
Mujer, ya no insistas ni reclames,
solo acepta tu posición,
posición por debajo del promedio.

17 años

¡Oh, hombre!

¿Por qué me culpas a mí
sabiendo que tú mismo eres la única causa de tus males?
No soy tu sombra,
tampoco soy una necia sin remedio.
Yo soy el comienzo y el final de la existencia misma.
¿Acaso desconoces que llegaste al mundo
a través de una vagina?
Deja ya de hacerte el sabio,
eres el punto de la ignorancia.
¡Oh, hombre!,
criatura sobrevalorada,
deja ya de hablar banalidades,
yo también sé pensar por mí misma.
No cuestiones la naturaleza,
tú no das la vida.
Eres un malandante
con esas ideas que traes metidas.
Ignora la fortuna,
o la mal llamada fe,
todos se han equivocado,
soy más de lo que creen.

17 años

¿En verdad tengo un sueño?

Mañana voy a visitar la universidad,
pero yo no tengo ganas para ello,
no me siento nada bien.
¿Por qué todos avanzan,
pero yo me quedo atrás?
¿En qué he estado gastando mi vida?
En menos de tres meses,
oficialmente, seré una adulta,
pero definitivamente no me siento como una.
No hay nada de lo que esté orgullosa;
tengo un libro,
pero siempre prefieren que estudie,
antes de hacer mis sueños realidad.
¡Ya no me interesa!
¿Qué estoy haciendo?
He tenido una buena vida,
he sido querida,
pero me siento vacía.
¿En verdad tengo talento?
Me digo a mí misma,
que no puedo rendirme;
que aún hay mucha vida por vivir.
Quiero salir de aquí,
pero no a la mala;
ya no quiero estar triste,

quiero tener éxito,
quiero ser artista,
quiero ser útil,
quiero ser feliz,
quiero sentirme orgullosa por vez primera
de mí misma.

17 años

0306

Uniforme a rayas, zapatos bien boleados y mochila en la espalda. ¿Te gusta cómo me veo? Nos hablas de individualidad, de independencia, pero todo te está saliendo mal; pues ahora mismo nos están preparando para nuestro funeral. ¿Qué debo hacer? Si vivo mi vida como tú quieres, solo seré un títere más; pero si me atrevo a decirte sobre la vida que he soñado, me castigas y reprimes aún más. ¿Cuál es el punto? Solo nos hacemos la existencia aún más miserable. Ya déjame salir; ¡vamos!, no te cures en salud. Conozco tu crimen, pues la avaricia corre por tus venas. Les vendiste a mis padres mi futuro, ¿qué?, ¿acaso eso no es un vil robo? ¡Vamos!, ¡ya déjame salir! Es irónico, ¿no lo crees?, todo el mundo corre a tus brazos, mientras yo busco alejarme lo más que pueda. Bueno, ya mejor voy a callarme, dices que esto no me traerá nada bueno.

17 años

Sangre de mi sangre

Sangre de mi sangre,
carne de mi carne…
¿es acaso eso lo que nos hace familia?,
y en su defecto
¿es eso lo que me hace tu hija?
Venir de las entrañas al mundo,
al desnudo a la vida,
¿será acaso eso mismo
lo que nos hará creernos humanos?
Bañados en sangre,
en sudor y en lágrimas,
así es como vemos la luz,
así es como nos recibe el mundo;
a costa de nuestro mayor sufrimiento…
Pero más bien,
¿será acaso nuestro nacimiento
el primer evento que nos convierte en monstruos?,
ya que a costa de nuestra propia vida,
alguien más casi pierde la suya…
¿será ese nuestro peor y primer pecado?,
ya que aunque llegamos al mundo sufriendo,
nuestra madre entrega su cuerpo,
su alma y su corazón en bandeja de plata,
¿será acaso que se lo entrega al mismo que llamamos creador?
Crecemos y escuchamos que somos seres de luz,
a pesar de que ya hemos provocado dolor

desde el mismo instante de nuestra creación,
y en ese caso,
¿qué más podremos hacer?,
¿cómo le vamos a hacer?,
¿qué es lo que tendremos ahora por aprender?,
¿qué será lo que ahora nos quede por siquiera querer?

18 años

De la vida y de la muerte

De la vida se poco,
de la muerte aún menos.
Pero ¿qué será peor,
vivir con miedo a la muerte,
o haber muerte teniendo vida?
Nos dicen que somos efímeros,
rápidos y sin frenos,
fugaces como los cometas,
pero ingenuos como los niños.
Nos da miedo lo diferente,
nos da miedo lo desconocido,
nos da miedo el amor,
nos da miedo la soledad,
nos da miedo la sociedad,
nos da miedo la misma muerte,
pero, entonces,
¿para qué estamos viviendo,
si sabemos que nomás no vamos a librarla?
Tal vez de la muerte sepamos poco,
pero en realidad,
de la vida misma,
sabemos aún menos.

18 años

Tu mejor regalo

Tal vez no lo sepas,
amado humano,
pero he aquí tu mejor presente,
he aquí el presente.
Disfruta el aire fresco,
sal de tu guarida,
y ven a pisar el pasto,
que ya comienza a sentirse seco.
Tira fuerte de esa cuerda,
que, aunque tus manos sangren,
verás que valdrá la pena.
Siéntate a observar el río,
mira cómo caminan las piedras,
cómo bailan sin que te des cuenta.
Junta las palmas como cuando rezas cada mañana,
pero esta vez darás las gracias;
te dejarás llevar por la belleza,
de la noche que ya viene dentro.
Toma de tus recuerdos los más preciados,
de esos que no duelen,
y quédate con ellos,
que el de arriba ya te habla.

18 años

Soy

Soy buena,
pero también puedo ser mala.
Soy artista
y a veces musa.
Soy una mujer ahora,
pero también sigo siendo una niña.
Soy todo y soy nada.
Soy una gota,
pero también puedo ser la tormenta entera.
Soy todo lo que fui,
soy todo lo que soy
y soy todo lo que seré.
Soy de aquí,
y soy de allá,
Soy tu alumna,
pero también puedo enseñarte un par de cosas.
Soy obediente,
pero no me hagas rebelarme.
Soy un cuerpo,
soy un alma,
y soy luz.
Soy joven,
pero tal vez ya no tanto.
Soy fuerte,
pero también me quiebro;
pero solo detrás de esa puerta,
soy pequeña, pero seré *grande*.

18 años

Está bien

Está bien no conocer todas las respuestas,
está bien tener miedo,
está bien comenzar de cero,
está bien dudar,
está bien perderse,
pues es la única manera de encontrarse.
Está bien cambiar,
está bien soñar,
está bien bailar,
está bien rezar,
está bien amar,
está bien olvidar,
está bien dejar ir,
en este mundo nada es nuestro.
Está bien no tener a nadie,
la soledad no es tan mala,
está bien cuestionar,
está bien confundirse,
está bien desear,
está bien querer,
pero hay que saber merecer,
Está bien gritar,
está bien llorar,
está bien crecer,
que aunque duela, vale la pena.

18 años

Te digo y callo

Soy yo... ¿o esta es mi nueva tentación?
Lo es la vida fácil, lo es la vida breve.
Suburbios de oro y centros de piedra,
la inquebrantable crueldad que está siempre a la orden.
Porque ahora es cuando te digo y callo,
te digo «te amo»
y callo un «te extraño»,
te digo «dulce miel»
y callo «insultos amargos»,
te digo «perdón»
y callo «vergüenza».
Curiosa es esta duda misteriosa,
sagrada la triste ambición
y perseguida la adorada paciencia.
Te digo «ahora»
y callo «nunca»,
te digo «cielo»
y callo «infierno»,
te digo «vigor»
y callo «pudor».

18 años

Vida, ¿qué te debo?

¿Qué te debo vida?
He hecho todo lo que han querido,
he hecho todo lo que me han jurado que es bueno,
he dado todo hasta vaciarme,
ya no me queda más que ofrecer ahora.
Procuré ser buena hija;
no lo conseguí,
pero aun así,
solo hice todo sin siquiera cuestionar.
Pero ¿qué me queda ahora?
Creí que terminaría con esta farsa,
podría, por fin, librarme de la caja,
podría encontrarme libre por primera vez,
sin ataduras,
sin deudas;
pero solo me ha llevado a lo contrario,
ahora he regresado a la jaula de oro,
hoy solo soy un cerrillo apagado,
pero cuya flama aún puede prenderse.
Soy un escalón en la genética,
soy la supervivencia hecha persona,
soy hueco en la historia familiar...
¿por qué no me pertenece mi vida?
No vago libre por ahí;
las cadenas de la vida, de la familia y el corazón,
me han atrapado una vez más,
pareciera que estoy atada de por vida.

18 años

Estoy viva

Hasta que me caiga al suelo,
hasta que me pierda sin remedio,
hasta que me amanezca en la casa de la imprudencia,
hasta que me llame la fama,
hasta que me despierte el éxito,
hasta que me vaya a dormir en una cama que no sea la mía,
hasta que me intente detener la inexperiencia,
hasta que me ahorque la decencia,
hasta que me abrace la ambición,
hasta que haga el amor con la soledad;
en silencio,
hasta que me quemen las llamas del dinero,
hasta que me castigue el pasado,
hasta que me premie el esfuerzo,
hasta que suelten los libros,
hasta que me tiente la
avaricia,
hasta que me consuele la experiencia,
hasta que me desnude el arte,
hasta que me bañe la paciencia,
hasta que me asuste la mundanidad,
hasta que me bautice el futuro;
con el agua del deseo,
y me seque con la toalla del placer,
hasta entonces sabré que, en verdad,
estoy viva.

18 años

¿Cómo vivo?

¿Cómo vivo con tu espada punzante,
con la herida abierta
y en la tremenda espera?
¿Cómo vivo con tus palabras hirientes,
los insultos poderosos
y las defensas bajas?
¿Cómo vivo con tu voz en mí,
con tus susurros dentro
y con las promesas rotas?
¿Cómo vivo por vivir,
con la piel rota
y el alma cautiva?
¿Cómo vivo con los sueños perdidos,
las ganas idas
y el coraje ya caduco?
¿Cómo vivo con el corazón hecho polvo,
con el espíritu en trizas
y la valentía inexistente?
¿Cómo vivo en este mundo de cabeza,
con las personas falsas
y los enredos mortales?
¿Cómo voy por esta vida
con la esperanza desecha
y la historia por testigo?

18 años

Aquí estás

Aquí estás,
con el corazón roto,
el alma cautiva
y las ganas idas.
Aquí estás,
con la mente prisionera,
el espíritu en cadenas
y la vida desecha.
Ya no importa lo que hagas,
no puedes huir de quien eres,
de quien has sido,
ni de quien serás;
tus palabras cavarán tu tumba.
Persona desolada,
que espera en abandono,
castigo eterno que parece,
hazaña heroica su rescate,
aquí estás,
con el corazón roto,
el alma cautiva
y las ganas idas.
Aquí estás,
con la mente prisionera,
el espíritu en cadenas
y la vida desecha,
pero, a pesar de todo,
estás en pie.

18 años

333

Dicen que el 3 es un número bendito,
pues bendita la vida que me trajo aquí hoy,
cuando conocí a un actor,
gané mi dinero,
me enteré del pasado cercano,
crucé la ciudad a toda velocidad,
leí de los astros,
y replanté mi futuro.
Aunque últimamente no sé quién soy,
sigo teniendo deseos de grandeza,
descubrí que conservo intacto el coraje,
y al amor lo tengo palpante.
No soy de aquí ni soy de allá,
no tengo, pero tampoco quito,
simplemente soy lo que soy.
Ahora entiendo que el arte se comparte,
porque aunque el artista lo presenta,
la audiencia lo interpreta, lo aclama.
Dicen que la década está a punto de acabar
y mi madre presume los logros
que yo solo veo como escalones,
nadie parece estar en su mejor momento,
recibí un cumplido inesperado el día de ayer
y hoy por teléfono confesé un poco de lo que llevo dentro.
Sin duda, la vida me trae sorpresas,
solo espero que hoy sean señales para no perder la esperanza,
espero que hoy sea el principio del sueño.

18 años

Si yo te contara...

Si yo te contara mi vida,
seguro te reirías de mí,
si te contara mis errores,
seguramente igual te burlarías;
pero si te contara mis penas,
seguro que por lo menos una lágrima derramarías,
si te contara mi dolor,
seguro me abrazarías,
si te contara mi situación,
seguro me ayudarías;
pero sucede que yo no te cuento nada
nunca,
así que me juzgas por lo poco que ves,
hablas a mis espaldas sin saber quién soy yo.
Tú no vales más por cómo manipulas a los demás;
ni yo valgo menos por aquello que secretean de mí.
El juego de la vida
(al que tú y yo venimos sin pedir)
nunca nos dejó claras las reglas,
ni nos avisa para prevenirnos,
puede que sean justa para todos,
pero sin duda nos puso en una encrucijada.
No tengo que contarte nada para que me respetes,
porque tú no me has pronunciado sílaba alguna;
y yo he probado que tengo palabra,
por lo que deja de esperar a que te cuente algo.

18 años

¿Quién dice?

Si hago algo que otros no esperan,
si sigo mi corazón,
me guío por mi voluntad
y camino sin ningún remordimiento,
¿quién dice que no merezco lo que tengo?
¿quién dice que no soy merecedora de amar?
¿quién dice que no soy merecedora de tener una vida?
Estoy harta de complacer a los demás;
de pretender ser alguien,
que claramente no soy,
porque la verdad,
sí me interesa procurar la bondad,
aún creo en la esperanza,
pero eso ya no significa que puedan darme por sentada,
y claramente deben entender que esto no es sinónimo de flaquear siquiera.
Yo sé que tengo defectos,
que mi pasado es turbulento,
pero ¿quién en esta vida se va en blanco?
No soy miel sobre hojuelas,
no vivo en mundo color rosa,
pero tampoco me limito a lo blanco y lo negro,
simplemente soy quien soy;
así que cuando digo «esta soy yo»,
ten por seguro que hablo en serio.

18 años

Somos...

Si antes decían que ellos eran lo peor que pudo haber pasado,
no era una sorpresa el encontrar
que de nosotros hablarán aún peor.
Si antes decían que eran arrogantes y egoístas,
que solo pensaban en ellos mismos,
y que en realidad no poseían gracia alguna,
¿qué nos podemos esperar nosotros?
Crecimos ante un mundo extraño y bizarro,
aunque dicen que avanzado,
que, si bien nos ha robado la inocencia,
puede que seamos nosotros quienes arruinemos lo que aún queda.
Nos han jurado
que el único camino del éxito es sacar provecho de lo inexplorado,
para poder salir de la caja y forrarnos en millones,
pero si alguien se opone,
la mirada de la desgracia lo perseguirá por siempre.
Nos dicen que
si no obtenemos el papel dorado,
nada nos pasará y podremos levantarnos,
pero al mismo tiempo
podemos escuchar los murmullos diciendo cuánto lo hemos estropeado.
¿Cuál es la respuesta?
¿Quién podrá entender toda esta falacia?
No somos su salvación,

pero menos su perdición,
nuestro lugar aún está por verse,
y seremos nosotros mismos quienes tallaremos nuestros nombres,
con las manos cubiertas de sangre,
en los preciados diamantes.

18 años

Me niego, pero ya no sé qué será de mí

No vengas a mí buscando socorro,
mi vida está dividida.
No sé si dedicarme a arreglar el mundo,
así es, el mismo que me has heredado,
o si bien perseguir mis llamados sueños,
corriendo el riesgo de que luego me llames «egoísta».
Honestamente,
vivir me da asco de vez en cuando,
no puedo confiar en nadie
y ya nada es seguro.
Me traes al mundo cuando está a punto de extinguirse
¿qué?, ¿acaso no te da vergüenza?
Y no porque reniegue de mi existencia,
pero creo que deberías de tener un poco de pudor.
Me exiges que me prevenga,
que me prepare para el mundo moderno e insano,
me pones en competencia contra todos y todo,
me llenas de dudas y nunca me das respuestas.
Ya no sé qué hacer,
aunque me entregue en alma y corazón,
el mundo no cambiará a la primera hora de mañana.
E inclusive,
ya me has corrompido de todas las formas posibles,
me has destrozado las esperanzas,
ahora creo que nada es posible,
siento que ya es demasiado tarde,
y lo único que puedo tomar ahora,

es el convertirme en tu copia perfecta,
de pies a cabeza, sin corazón,
y mucho menos entereza.

18 años

Otra Navidad, pero ya no hay vuelta atrás

Aquí vamos,
otros fríos que te hielan los huesos,
otros harapos que dicen te quitarán lo helado
y de paso otros tragos para soportarlos.
Se nos acabó la década,
unos dicen que es una bendición,
mientras otros hiperjuran que nos espera lo peor.
¿De verdad somos tan ingenuos?
El hambre no se ha acabado,
la pobreza va al alza
y el mundo está muy lejos de estar en paz.
Creo que somos un poco tontos,
pero igual es solo quienes naturalmente somos;
nos seguiremos equivocando
y jamás nos mostraremos sinceros.
En una esquina rezan para que todo mejore,
en la otra disparan a diestra y siniestra.
No pretendo cambiar el mundo yo sola,
ya he probado que no soy nadie,
pero tengo intenciones de irme sin pelear por lo que creo que es justo,
sin siquiera haber intentado lo correcto,
ahora dime, ¿qué harás tú?

18 años

XVIII

¿Querías crecer?
¿Querías ser libre?
¿Querías ver el mundo?
Querías, querías, querías...
¿Qué querías?
Todos ya han partido,
eres la última una vez más.
Ahora vas a inventar innumerables excusas,
pero ni así podrás escapar de lo que te has ganado.
Mientes,
mientes,
mientes,
eres peor de lo que crees.
Honestamente,
la edad no te sienta bien,
de hecho,
nada en este mundo lo hace,
aquí no hay nada que sea para ti.
No importa cuánto intentes cambiarlo,
las personas «están donde merecen estar».
Más te vale agradecer y sonreír,
al mundo no le interesas,
nadie meterá las manos al fuego por ti,
eres todo lo que tienes al llegar a esta vida.
Además, ¿quién no quisiera estar en tu lugar?
Ya tienes más de lo que puedas pedir
o, aún más,

de lo que siquiera tienes derecho a creer merecer,
simplemente no puedes pedir más,
pero, a pesar de todo, a pesar de todo ello,
sabes bien que esto no te bastará.

18 años

XIX

«¿Cómo estás?»,
la pregunta que siempre tratas de evitar,
porque sabes muy bien que lo único que puedes hacer es tratar
de
sonreír,
y responder lo contrario de lo que en verdad piensas.
«¡Qué rápido has crecido!».
«Mira esa carita, pero ya no eres una niña».
«¿Ya sabes qué quieres ser ahora?,
porque, créeme, el tiempo se va como agua».
Díganme ahora,
¿qué hago con todo ello?,
¿cómo manejo todo lo que me dicen me pertenece?,
¿en quién se supone me debo convertir ahora?,
¿acaso habrá respuesta?
Dicen que todo pasa,
que todo cambia
y que todo llega,
pero nada de eso ha llegado a aparecerse en mi vida;
sigo perdida en este laberinto,
enganchada a esta vida que todos llaman mía,
poseída en este abismo,
atorada entre la entrada y la salida,
con la pregunta en cabeza
—y que aún no tiene respuesta—:
¿cuál es el punto de estar aquí? (te recomiendo quitar de)
Todos se atreven a opinar,
a dictar y a juzgar.

«Mira, me acuerdo de tu mami cuando te esperaba,
ya pronto serás tú quién tendrá que esperar».
¡Claro!,
como si fuera lo suficientemente desquiciada para traer alguien más
a la vil desgracia,
que aun así,
algunos se atreven a llamar vida.
Hoy soy una rosa sin perfume,
soy un beso sin sabor,
soy un abrazo sin amor,
hoy soy todo menos lo que sea que soy yo.

19 años

Ni de aquí ni de allá

Ni de aquí ni de allá;
mi acta siempre dirá:
Sol, playa y arena,
pero mi vida entera dirá:
frío, ceniza y talavera.
Honestamente,
me molesta un poco,
me molesta que no me llamen oriunda,
porque mi corazón sigue enamorado
de la idea de pertenecer a la costa,
de saberme playera y bronceada por naturaleza.
No soy de aquí ni soy de allá,
soy una mezcla rara,
que no sabe aceptar lo que es verdad.
Soy la fusión entre un sol abrasador y un inverno demoledor,
pero creo que ya es demasiado tarde,
inclusive, ya tengo tatuado el nombre.

19 años

No quiero vivir así

¡Basta ya!
¡Basta ahora!
Yo no quiero vivir así,
porque apenas nací y
ya estoy debiendo.
Me *alimento* y pago,
me *educo* y pago,
me *divierto* y pago;
ahora díganme,
¿qué es lo que pago?
Si me quedo sin aire y reviento mis pulmones,
¿cuánto calculas que valen?
Si me caigo de aquel piso,
¿cuánto crees que me costarán mis piernas?
Dicen que esto lo inventó el Diablo,
pero si Jesús es nuestro salvador,
¿por qué seguimos en el infierno?
Ahora tápame la boca,
y júrame que tendrá remedio,
cúmpleme que esto es solo un mal sueño.
Ven y siéntate aquí,
dime a qué le temes y te diré de lo que padeces,
ven y siéntate junto a mí,
que, aunque nuestro techo se nos venga encima,
ya me has prometido que nos quedaremos felices,
porque el amor lo puede todo
y la vida no vale nada,

pero en el inter podremos
bailar,
comer,
fingirnos satisfechos,
sonreír pa' no enseñar las lágrimas,
y gastarnos todo lo que nos dicen que es nuestro.

19 años

Aún soy una niña

Esa es la verdad,
aún soy una niña,
no me gusta la salsa que pica,
juego con mi pequeño cada vez que el sol se pone
y tenemos peluches con los que no paramos de reír,
adorno mi cabello con moños y pinzetas;
si como pan dulce, lo chopeo en la leche
y sigo pasando a romper la piñata en cada posada.
¿Por qué todos me dicen que no lo puedo hacer más?
¿A quién lastimo aquí?
Tardé más en llegar,
que en lo que me arrojaron a la jauría.
Porque,
aunque soy una pecadora de primavera,
no busco hacer trampas,
o bueno,
hago el mejor intento.
Pido calaverita cada Día de Muertos
y me como ilusionada 12 uvas cada Fin de Año,
¿quién dice que no puedo seguir haciéndolo?
Es incómodo pensar,
que cuando eres un chiquillo
todo lo que tu mente procesa es el crecer,
pero ahora que lo has hecho,
ese objetivo deja de tener sentido.
Y a pesar de todo,
la verdad es que el mundo se pone muy confuso
una vez que llegas a este punto;

por un lado,
te llaman niña,
pero volteas y se quitan el sobrero para saludarte,
ya que ya eres una señorita.
Te halagan por mostrar un pedacito más de ti,
pero te hacen abrigarte,
que ellos ya vendrán a juzgarte.
Y ahora las cosas se vuelven borrosas,
ya que el viento helado comienza a soplar,
y a *mi cama*,
ya me van a mandar.

19 años

Quiero

Quiero caminar sin ataduras,
quiero ser libre de expresar lo que siento,
quiero ser feliz sin ningún prejuicio,
quiero hablar con mis padres sabiendo que no van a juzgarme.
Quiero amar sabiendo que será recíproco,
quiero vestirme sin pensar en el qué dirán,
quiero ayudar sin ninguna trampa,
quiero confiar en tu palabra,
quiero rezar sabiendo que Dios me escucha,
quiero aprender sin temor a equivocarme,
quiero salir sin cuidarme demasiado,
quiero regresar a casa en una pieza,
quiero educarme sin esclavizarme,
quiero ser dueña de mi propia vida,
quiero estar satisfecha al final de la línea,
quiero obtener aquello por lo que he trabajado,
quiero que mis esfuerzos no sean en vano,
quiero generar algún cambio,
quiero aguantar hasta el final,
quiero abrazar sin ser apuñalada,
quiero besar sin ser traicionada,
quiero que otros se pongan en mis zapatos,
quiero vivir en un mundo más justo.
¿Es mucho pedir?

19 años

Ahora hablarán ustedes

¿Será la vida
tejiendo sus juegos en mí otra vez?
Díganme, hombres,
porque ahora hablarán ustedes;
han estado dándome lecciones,
estado dándome lecciones en estos
últimos días,
me han hablado de amor,
me han hablado de dolor,
me han hablado de avaricia,
me han hablado de apetencia,
no me han pedido nada a cambio,
no han esperado a que concuerde,
no me han lastimado, no esta vez.
Agradezco sus consejos,
agradezco sus lecciones,
y ahora no tengo cómo pagarles,
pero espero que la vida los recompense en algún momento.
Nos vemos luego,
ya les contaré si cometí errores,
o bien,
si sus palabras en verdad,
fueron la voz de mi conciencia.

19 años

¿Cuál es la prisa?

Toda mi vida me han traído corriendo,
Todita, desde el principio,
pero ahora, díganme,
¿hacia dónde corro?,
¿al fin?,
¿al porvenir?,
¿existe siquiera?
Me han pisoteado,
sobajado e insultado.
¿Todo vale la pena?
¿Por qué tenemos que vivir así?
Dime aquello que tanto quieres hacer,
confiésame aquello que tanto quieres decir,
verás que será tan rápido,
que haré como si no me diera cuenta.
Habla ahora,
es tarde,
pero si vamos a morir al final,
¿seguimos estando retrasados?

19 años

Aquí estás vol.2

Aquí estás,
en cuerpo y alma,
estás aquí,
con las manos aún tibias,
pero con el corazón frío,
con los ojos rojos,
pero con las lágrimas ya secas.
Oficialmente has vendido tu ser
a mí, la mismísima encarnación del Diablo.
Has entregado tu juventud,
tu belleza y tu nobleza,
a cambio de saciar tu hambre,
de rodearte de pobreza y avaricia.
Hiciste un intercambio injusto,
te han engañado,
porque, a diferencia de como tanto te lo han jurado,
el Sol no sale dos veces.
Has luchado en la vida salvaje,
ellos ya te han puesto un precio,
y tú no elegirás el veneno.
Sé que ahora te arrepientes,
pero es muy tarde para huir ahora,
y de ahora en adelante,
la hora de tu opción desaparece.
Aunque huyas el resto de tus días,
en solitario has firmado tu destino.

19 años

Las lecciones obvias que resultaron no ser tan obvias

Tú y yo teníamos trece años
cuando nos dijeron al oído:
«Pero aún son muy chicos».
Pero aun así me entregaste tu vida en mis manos
y yo me sentí obligada a arreglarla.
Nos rompimos el corazón en formas que nunca pensamos
y terminamos más confundidos de lo que ya estábamos.
A simple vista eso no parecía ir bien,
pero como buenos necios solo lo dejamos venir.
En la vida no hay buenos ni hay malos,
por eso nunca logramos entender,
que tú y yo solo éramos dos niños solitarios.
Sedientos de vida y compañía,
casi desquiciados, y jugando a ser inhumanos.
No,
no hay prisa por amar y saberse amado,
no,
no hay algo como ser incondicional,
no,
nadie es perfecto,
no,
aquí nada nos pasó,
y así es,
no,
aquí nadie murió.

19 años

Tal vez

Tal vez esto sea pasajero,
tal vez debo seguir lo que es seguro,
tal vez la vida es un engaño,
tal vez lo merezco,
tal vez nunca tocaré la cima,
tal vez estoy siendo engañada,
tal vez solo soy la carnada,
tal vez exagero,
tal vez ninguna idea es auténtica,
tal vez este no es mi destino,
tal vez no nací para esto,
tal vez soy una malagradecida,
tal vez estoy siendo una tonta,
tal vez solo soy como todos,
tal vez nunca veré la luz,
tal vez esto no es para mí,
tal vez solo soy otra que anda por ahí,
tal vez no valgo la pena,
tal vez solo es una etapa,
tal vez he perdido el rumbo,
tal vez esta no soy yo,
tal vez haya perdido la cabeza,
tal vez no me queda la cordura,
tal vez la he vuelto a regar,
tal vez mi vida ha sido una burla,
tal vez esto nunca llegue a ser sabido,

tal vez yo misma no soy real...
¿o será acaso que el mundo
ha extraído todo lo que quedaba de mí?

19 años

La guerra

Mándanos a la guerra sin fusil,
vístete de luto para jamás sentirlo,
endúlzanos el oído con promesas falsas
y júranos los sueños que nunca haremos.

¡Vamos!
Diviértete con nosotros como siempre lo haces.
Después de todo,
el mundo ya se encuentra en tus manos.

¿Crees que venimos al mundo,
solo por tu cínico juego?
No te engañes,
llegamos hasta aquí por la dignidad de vivir.

Después de todo,
somos resistentes y estamos inconformes,
nos hemos cansado del engaño,
y ahora es cuando hemos abierto los ojos.

Calla el hablarnos de paz,
cuando solo en caos piensas,
porque esta será tu guerra,
pero no la nuestra.

19 años

Una cosa por otra

Tratando de encontrar mi sueño,
abrí mis ojos sin remedio,
dando vueltas en el colchón vacío,
giré hacia donde creí apuntaba a la ventana.
Desperté en plena oscuridad,
solo para ver la preciada y ansiada luz,
justo en el momento,
en el que tenía todo y tenía nada.
Me quedé inmóvil y con el cuerpo pasmado,
porque aún tibio,
este tenía frío.
En la mitad de la nada,
en la mitad de la madrugada,
vi como todo cobró vida,
vi el ritual de la magia,
y justo cuando el primer rayo de Sol tocó mis pupilas,
decidí no cerrar los ojos ante tanta belleza.
Me puse de pie,
y caminé a donde me dijeron se encontraba el corazón de la vida,
porque al final,
todo es dar y recibir en esta vida.
Regresé con los pies descalzos, pero el alma llena,
recapitulé mi ser
y empecé de nuevo.

19 años

Miedo

A lo nuevo,
a lo distinto,
a lo desconocido,
a lo extraño,
a lo cambiante,
a lo desalmado,
a lo hermoso,
a todo y a nada,
a la vida y a lo que sea que pase después de ella,
al castigo divino y a la llama eterna,
a ver el mundo sin ser prudente,
a entregar el corazón, a pesar de las heridas,
a dejarse llevar para nunca volver,
a encontrar la cura de lo que hace daño,
a dar todo sin saber qué esperar,
a confiar para después pecar,
a saber qué pasará solo para decepcionarse al igual que siempre,
a mal pisar para la caída no evitar,
y yo
a cerrar mi tumba y sanar la herida,
bendita ofrenda en altar sin vida,
secreto de estado: escribir sin saber por qué lo hago.

19 años

¿Con qué derecho?

¿Quién te crees que eres vida mía?
Suficiente tengo con haber venido,
con el simple hecho de existir,
para que encima se me niegue el derecho a ser feliz.
Ya lo hice todo,
ya he cumplido mi parte,
¿acaso no tienes palabra?
Todo el mundo avanza,
pero yo siempre sigo aquí,
todos llegan y se van,
pero nunca logro tener su lugar.
No tengo las respuestas que esperabas,
lo único que acumulo, día a día, son dudas.
Ya basta de tenerme atada a lo que me niego.
¿Qué?, ¿acaso no he nacido libre?
Soy yo quien siempre da de más,
pero nadie está dispuesto a explorar más allá de lo que ve.
Vida mía,
¿con qué derecho me niegas aquello que tanto me juraste?
No me hagas sonreír y conformarme,
porque simplemente ya estoy harta.
¿A qué le temes si cumples tu promesa?
Ya me harté de esperar *tiempos mejores*,
todos dicen que vendrán,
pero todo sigue igual.
Y, bueno,
yo no soy quien está a cargo aquí.

19 años

Puede ser

Puede que estos días juegue a ser inocente,
puede que en estos días duerma más de lo usual,
puede que en estos días no diga nada y permanezca callada,
y puede que con ello
solo trate de encontrar paz.
El tiempo acabó y yo nunca empecé,
el reloj gira y gira,
pero
¿cuándo me consultó a mí?
Sé que hay más por dar,
más por ver y detener,
pero
¿en verdad queda algo por hacer?
¿dónde está el mundo que tanto me prometieron sería mío?
No quiero pensar en otra forma distinta,
lo hecho, hecho está,
y el hubiera… nunca existió.
Hasta el día de hoy esta es la vida que tengo,
no es la que busco
ni la que quiero,
pero es la que tengo,
y la verdad
solo trato de hacerlo bien.
No hay un manual que me diga cómo actuar,
solo ejecuto como lo pueda entender.
Y la verdad es que
lo siento,
lo lamento todo,
no es lo correcto,

pero de verdad lo siento.
Rascacielos y laberintos dicen que se asoman,
pero no sé escalar ni buscar,
¿qué he de acariciar?
¿adónde lo he de hallar?

19 años

Un funeral

Aquí vengo a sepultar mis sueños,
aquí vengo a enterrar todo el esfuerzo.
He dado mucho de mí,
he amado la vida,
pero esta ya no me quiere a su lado.
¿A caso he caído en la arrogancia? Hoy toca luto,
y yo ya traigo mi mejor vestido,
ahora no tengo ni idea de lo que prometerá el futuro,
pero al menos hay que aparentar estar segura.
Este es el sepelio de mi vida entera,
de todo lo que conozco hasta el día de hoy,
estas son las velas para lo que fue de mi esperanza
y estas son las flores por lo que tanto esperé.
Si Dios me conoce,
sabe lo mucho que he anhelado,
lo mucho que he buscado,
y lo mucho que ya me ha dolido;
porque ahora no estoy mintiendo,
pero creo que eso ya no te importa,
ahora hay un ataúd de por medio.
¿Existirá algún remedio?
Juro en mi vida entera que el mundo es injusto,
que somos unos tontos sin remedio,
que todo ya está vendido,
pero al final,
algo debe ser bueno.

19 años

Azúcar, flores y anís

Dime de qué estoy hecha,
dime qué llevo dentro.
«Azúcar, flores y anís —dices tú—
porque eres dulce si te protejo,
pero áspera si no te cuido».
Bueno, pues,
veremos si tienes razón;
hablas tanto de mí,
pintas tanto de mí,
maldices mi nombre
y luego dirás que me premias
¿pero en verdad te refieres a mí?
No me contemples,
no me esculpas,
porque seré mujer,
pero jamás perfecta.
Tengo miedo igual que tú,
tengo rabia igual que tú,
tengo dudas igual que tú,
poseo pasión igual que tú,
y, en realidad,
soy igual que tú.
Ahora reclamas,
reniegas mis palabras,
y me dices que yo albergue tu semilla,
pero se te olvida que ese fruto también será mío.

No te ofendas,
nadie es como parece,
no temas,
que aún te aguarda la vida entera.

19 años

Vivir mejor

Pide ayuda y te dejaré sin aliento,
pide verdad y te daré ignorancia,
pide luz y te daré sombra,
pide vida y te daré desgracia.
¿Qué?, ¿acaso no comprendes lo humana que soy?
Acepta los delirios,
acepta la arrogancia,
acepta el infortunio, y verás como todo se ilumina.
¿Qué?, ¿acaso no has venido a mí estando el cuerpo en trizas?
No existe la paciencia,
no existe el perdón,
no existe un inicio
en esta piadosa procesión.
¿Acaso planearás seguir insistiendo?
No lo intentes,
ni siquiera lo pienses,
ya es muy tarde para empezar de cero.
Esto será lo que llamamos destino,
esto será lo que creemos haber elegido por camino,
ahora nos toca tomarlo con calma.
Respirar a la deriva,
aun teniendo donde caer;
abrir paso a lo desafortunado,
aun sabiendo cómo rezar.
Cerrar los ojos y sonreír a lo incierto,
para así, tal vez,
poder, al fin, vivir mejor.

19 años

La suma de todas mis partes

Un concurso de malas palabras,
un expediente sin datos,
una cena insípida,
un camino desierto,
y toda clase de eventos desafortunados,
vienen siendo un poco de lo mucho que soy yo.
Junta todas tus expectativas,
llenas de promesas vacías,
y luego envuélvelas con todas tus fuerzas.
Me culpaba por lo malo en el mundo,
me culpaba por los males de la vida,
¿pero eso de qué sirve?
yo nunca he estado a cargo aquí.
Quise aceptar lo que me dijeron que era mi deber,
y con ello, mezclado con simpatía y alegría,
mi corazón a la causa entregué,
¿pero de qué sirvió el silencio si lo que se buscaba era ruido?
Entregué mi juventud y ahora ni una gota me quedó,
ya han vaciado lo que quedaba de mí,
pero, dentro de lo que cabe,
debo admitir que tan mal no me fue.
No voy a hablar de más,
no voy a jurar los milagros que nunca vi. Trataré de aceptarme
como soy,
trataré de encontrar paz en la miseria,
trataré de sonreírle a la tormenta.
¿Quién inventó los cuentos de hadas?
Me han jodido la existencia,
y ahora ya nadie se hará cargo;

y por lo que más quieran,
no me vengan a decir que tengo una vida por delante,
porque a más de una década,
me ha quedado claro
que mi existencia es meramente accidentada.
Ahora declaro que
seré inquieta,
pero jamás sospechosa;
seré criticada,
pero jamás juzgona;
seré mujer,
pero jamás perfecta;
seré muchas cosas,
pero jamás conforme.
Y esto vendría siendo un poco de la suma de todas mis partes,
porque ni yo misma conozco la operación completa.

19 años

Una guía para rezar

Anoche cerré mis
ojos,
me giré en el colchón sin remedio,
prendí y apagué la luz sin pensar en el precio.
Miré al techo fingiendo que sabía qué hacer.
Está de más decir,
que en vano todo se fue.
Abrí la ventana y miré al sereno,
pero el viento solo me heló los ojos,
de todos modos,
ya no me importaba mucho conservar calor.
Miré en dirección a la luna,
quise contar las estrellas y planetas,
quise averiguar de qué color son los cometas,
pero todo pronto pareció conspirar en mi contra.
Respiré hondo y junté las manos,
susurré mi nombre,
aunque bien sé que nadie va a escucharme.
Me acordé de Dios,
cual si fuese revelación,
entré queriendo calma,
pero solo afloraron las dudas,
volví a cerrar los ojos,
me ahogué en silencio,
resbalaron lágrimas de mis mejillas,
apenas y las notó el viento que había dentro.

Miré al cielo y pedí un deseo,
cerré la ventana y me callé la vida entera,
de una sola y sin remeda.

19 años

Hagamos

Te propongo algo;
hagamos un trato,
hagamos de la libertad una opción,
de la cárcel un festejón,
porque si de opciones se trata,
la vida no es dulce como la nata.
Hagamos de la justicia un deber
para la existencia embellecer,
a las miradas atraer,
y así el dinero y la belleza,
dejarán de ser solo de la realeza.
Hagamos de la paz una virtud
porque,
aunque no cualquiera la posea,
no le quita el que sea una odisea.
Hagamos de esta canción nuestra perdición,
porque mares para ver hay muchos,
pero amores no hay en los cartuchos.
Hagamos de la vida una aventura;
ignorada en el consejo sabio,
que se queda cano,
y hagamos de este plan un buen ver,
que pronto caerá Matusalén.
Hagamos tatuajes de tus cicatrices,
maquillémoslas con matices,
pero solo no me pidas caricias.
Hagámosle al camino una escultura,
que no sea bella ni discreta.
Hagamos el amor en silencio,

ahogando el placer,
reprimiendo el ser y fluyendo en desnudez.
Ignoremos el consejo prudente,
seamos salvajes,
prolonguemos y de una vez aclaremos
que nunca vamos a abandonarnos.
Y este lugar nunca va a ser lo suficientemente bueno,
mas puede brillar cual si fueran destellos de oro.
Tú y yo somos imprudentes,
viciosos y tal vez un tanto inocentes,
pero,
¿quién no es tan humano que le repudie algunas veces?

19 años

Un día de estos

Un día de estos
tendré todo lo que he querido;
seguiré ahogándome en llanto,
seguiré estallando en rabia, seguiré paseando en melancolía,
todo seguirá pasando,
pero al fin tendré todo lo que he querido.
Dicen que del sufrimiento nace la esperanza,
dicen que del maltrato nace la alegría,
¿pues qué tanto habré hecho en mi vida pasada para merecer tan pésimo augurio?
Un día de estos
tendré todo lo que he querido,
mi nombre será visible,
y mis pasos habrán marcado el pavimento,
y mis plegarias olivadas,
por fin, serán escuchadas.
Un día de estos
tendré todo lo que he querido,
y podrá ser mañana, podrá ser en unos años,
pero definitivamente será un día de estos.

19 años

Ya no tengo nombre

Soy una idiota.
He perdido la cordura.
He fracturado el juicio.
Até una cuerda a mi cuello,
tiré de ella hasta reaccionar;
me desplomé en el suelo helado,
tenía el cuerpo inmóvil,
el pulso pálido,
y ahí mismito,
hallé lo que parecía ser un misterio.
¿Acaso he tocado fondo?
La canción que tarareaba sin parar,
parece no tener ritmo ahora,
el atardecer que me enamora
se parece más a una postal rota.
Ya no me quedan batallas por luchar,
no me queda nada por lo que pelear,
ya no me apetece saludar.
No siento que pueda haber una salida,
al menos una que pueda tomar.
¿Qué se supone que sigue ahora?
Y peor aún,
¿por qué se suponía que escribía estas líneas?
Me he quedado en vela cada vez que el Sol se esconde,
así es noche tras noche,
es una marea que no parece poder dormirse.
Ya no tengo nombre,
estoy en un mundo extraño,
tan grande y tan solo,

tan inmóvil y ausente;
creo que incluso más que mi presente.
Miro al azar,
a la buena de Dios,
voy deambulando,
a la mala de ese señor;
no creo quede algo después de ese resplandor.
Me han dicho que rece,
que me arrodille e implore,
que así mis lágrimas me darán mi dote,
pero la verdad,
no creo que todo esto vaya a resultar en un buen derroche.

19 años

No me dejes

No te vayas,
no me dejes,
sé que pido un milagro,
pero vamos a intentar no perder nuestra sagrada razón.
Vamos a darle sentido
a todo lo que ellos llaman mundano,
vamos a sonreír,
aun cuando todo lo vayamos a perder.
No te vayas,
no me dejes,
simples mortales,
anormales e inusuales,
pero a pesar de todo perspicaces.
No te vayas,
no me dejes,
aun cuando abunda la frialdad del mundo
y tenemos la vida que nunca pedimos,
y aunque paguemos los errores que nunca cometimos,
trataremos de seguir aquí,
de permanecer de pie,
o al menos hacer como que aún podemos dar batalla,
de aquí a un buen rato más.

19 años

Atemporal

Levántate del suelo helado,
camina lento hacia mí,
acércate a mis brazos ahora que siguen tibios,
deja que te seque esos cristales de los ojos,
deja que te escuche las penas sin juzgarlas.
Dime, mi niña,
¿qué es lo que tanto te acongoja?
Te vi feliz, reír, alucinar y parlotear,
pero ahora no creo
que seas la misma de aquella tarde.
¡Basta!
Ya no le supliques,
Dios no bajará a ayudarte,
tendrás que venir tú misma a recogerte.
O dime, ¿has perdido lo único que podía salvarte?
Deja ya de habitar estos huesos,
de comer esta carne,
deja ya de hacer correr sangre.
Desolada y testaruda,
¿en verdad crees que tengas remedio?
Criatura atemporal,
recién salida del mar,
hazte un favor de corazón,
y vete de una vez, que,
de lo contrario,
lo único que verás será el juicio que sabes nunca ha sido justo.

19 años

¿Qué quieres de mí?

Vamos,
dímelo,
¿qué más quieres que no te haya dado?,
¿qué más tengo que ofrecer a cambio de lo contrario?
Háblame dulce,
y tócame suave,
repíteme lo mucho que me queda por delante;
pero ahora quiero que lo jures como si fuera tu mantra,
tus plegarias diarias,
porque si te hago jurar,
que lo que dices es verdad,
¿tendrá el mismo efecto?
Dame palabras,
pero no me des voz,
dame promesas,
pero no me des luz,
dame tu vida,
pero no me pidas la mía.
¡Maldita sea!
¿Qué quieres de mí?
Tomaste y tomaste,
ahora no me queda más por darte,
¿acaso no has tenido ya suficiente?
Infringe el dolor,
pero no te disculpes,
moretéame el corazón,
pero ya no te detengas.

19 años

Ahora pues

Ahora que has robado mis fuerzas,
mi alma y mi entereza,
no se te ocurra siquiera pedir socorro.
Soy la espina en el rosal,
el veneno por tragar,
soy el salto de fe que es necesario,
y la cara de la moneda que siempre,
siempre,
te hace perder.
Te podrás quejar,
te podrás retractar un tiempo después,
pero, aun así,
sabes que la raíz ha crecido firme.
Sigo de pie,
sigo en cuerpo entero,
con el corazón envuelto en cuero,
mientras tú,
la víctima de todos mis pecados,
asimilas las mentiras que creíste podían adherirse a tu rutina.
Los huesos acaramelados,
la sangre salada,
la mirada que se vuelve una farsa.
Se ha vuelto tu misión,
el abrirme los ojos,
el atarme las alas.
Parece que la pócima sí surte su efecto,
los dientes se caen como botones,
las fogatas se esparcen por montones.

19 años

Solecito de atardecer

Lucecita de mi vida,
sueño de terciopelo,
morada acogedora,
y esperanza tardía.
¿Qué he hecho yo,
muchacha del mundo lejano,
para merecer, pues, tu calor?
Solecito de atardecer,
caricia sutil,
amor finito
y bautizo efímero.
Acércate a mí,
así como yo recorro el camino hacia ti.
Solo que esta vez,
haz caso a mi llamada,
cúmpleme,
de la manera en la que yo te cumplo a ti.
Solecito de atardecer,
dulce amargo en la punta de la lengua,
verdad necesaria,
pero que aun así duele.
¿Qué he hecho yo,
muchacha del mundo mundano,
para poder merecer tu calor?
Hagamos un pacto invisible,
pero que sea reversible,
para que cuando quieras salir huyendo,
pueda marcharme en una sola pieza.

Ahora me despido,
solecito de atardecer,
que el viento hiela
y, la verdad,
ya va a anochecer.

19 años

Usted también ha pecado

Déjeme decirle una cosa,
usted también ha pecado,
usted también lo ha ignorado,
usted también es culpable
de haber profanado el cuerpo santo.
Dígame ahora,
¿a qué debo entonces su presencia?
Todos sus errores,
ahora ya no tienen desamores.
Todos sus errores,
ya no tienen remedio,
ya no puede enderezar el tronco que ha crecido torcido.
¿Qué?, ¿acaso ya lo ha olvidado?
Mentiras piadosas y vicios sin cara,
recuerde que la factura del dolor puede ser cara.
Entonces, ¿por qué ha recorrido este camino,
aun cuando ya le ha cansado tanto?
Los pies le sangran,
el calor le pesa y con la boca jadea.
¿Qué espera encontrar en este lugar
que en su vida jamás podrá olvidar?
Yo lo podré bendecir,
pedir por usted
y desearle el bien.
Pero recuerde,
el lugar en donde está ahorita
no viene siendo gratuito.

19 años

Amaranto

Preciosa flor de maíz tostado
ven a la mesa de mi morada,
te coceré a fuego lento,
y en silencio.
Embriagante aroma a selva exótica,
natural y necia cual cascada,
sumergida en aguas cristalinas,
llenas de llanto y compasión.
Dulce sabor a confianza;
pero agrio en la punta de la lengua,
te abrazo y te beso cual comparsa,
pero aun así sabes que muerde.
Sin zapatos a la luz de la luna,
pisando fuerte para no caerse.
Cabello suelto que baila con el viento
y lágrimas que se han quedado dentro.
¡Amaranto!,
¿has venido a rescatarme,
de esta tierra de nadie?
¡Amaranto!,
¿eres la pieza faltante,
en la simplicidad de lo restante?
Ven a mí,
hazlo siquiera por compasión,
que la vida se ha tornado extraña,
y ahora soy yo quien te abraza,
ahora soy yo quien te extraña.

19 años

No es hora

Luz brillante que ligeramente lastima mis ojos,
destello radiante que atraviesa el espejo,
y cuyo reflejo puedo decir que ya no es el mío.
¿Acaso has venido a acobardarme?
El cuerpo envuelto en un vestido de mentiras de seda,
el cabello recogido en un moño,
que no refleja para nada lo que sucede dentro;
mientras la sangre hierve,
el frío quema.
¿Ahora cuál es la razón de este castigo?
Mientras me hundo más en la miseria,
puedo percibir que el suelo ya se siente tibio,
y ahora que todos mis errores se muestran de frente,
y yo que me siento valiente,
¿por qué entonces me causa delirio?,
ya que, aunque me lleves a bautizar al río,
no te prometo que dejaré de hacer de todo esto un lío.

19 años

No lo hagan

¡Ya basta!
¡No lo hagan!
No me aten las manos,
que explorar el mundo comienza con ellas,
y tocar todo lo amado añade ternura.
No me encadenen las piernas,
que me ayudarán a encontrar la huida,
me sirven para intentar apurar la salida.
No silencien mi voz,
que aún tengo mucho de que hablar,
muchas declaraciones de amor para dar,
muchos cuentos que sanar.
No me arranquen los pulmones de cuajo,
que, a pesar de tanto veneno,
aún perciben el oxígeno dentro.
¡Ya basta!
¡No lo hagan!
¡No prosigan!
Porque creo,
solo creo,
aún hay razones para intentar de nuevo.

19 años

Mi niña

Mi niña linda,
mi pequeña hermosa,
pedacito de corazón,
ya no temas,
ya no sufras,
todo ahora es para ti,
todo lo que queda
puede pertenecerte a ti.
Sé que este mundo es cruel,
que confunde y enamora por igual,
pero el intento,
la pena valdrá.
Ahora te tomo en mis brazos,
te cargo a la luz tibia del atardecer,
recojo la pequeñez de tu ser,
para guiarte y verte crecer.
Escúchame bien,
pon atención, mi niña,
que aquí nadie te tendrá piedad,
no hay manual para poder salir,
no hay instrucción a seguir,
de hecho,
una vez aquí,
no hay mucho por hacer,
excepto velar por ti,
así que abre bien tus ojitos,
claritos cual destellos,
y grandes como mi amor,
pero estos dos serán los únicos en los que confiarás,

a pesar de que te juren mucho que aquello no pasó,
y ahora muéstrame tus manitas,
las dos abiertas como mi compasión,
que, con ellas,
sabrás tocar lo que más amarás,
y ya eso lo sabrás,
porque el calor te lo dirá,
mi niña,
en nadie puedes confiar,
a nadie te deberás entregar,
a menos que cuando lo intentes,
entiendas que podrías fallar.
He aquí la llave de tu corazón,
cuídala como el tesoro que es,
solo es tuya y de nadie más,
habrá quien la quiera robar,
pero recuerda que con los extraños no debemos hablar.
Ahora te pongo en el piso,
y tú te paras derechita,
con tus dos piecitos firmes sobre el pavimento,
pues de aquí nunca te debes de elevar,
y tus piernitas,
solo se descubrirán cuando sientas que alguien es digno de confiar.
Mi niña,
me gustaría quedarme,
pero sabes bien no soy para siempre,
confía en ti, pues todo lo que ves,
es tuyo por destino,
el mismo sabio que me ha hecho poder tenerte aquí
dentro de mí.

19 años

¿Fin?

Lecturas recomendadas

De la conciencia individual a la colectiva (Carlos Carmona)

Conócete a ti mismo. Reflexiones para vivir mejor (María Rosa Ibarra)

www.ingramcontent.com/pod-product-compliance
Lightning Source LLC
LaVergne TN
LVHW041036150826
845672LV00001B/350